L'ODYSSÉE

GAMBETTISTE

1870-1871

PAR

PAUL TIMON-DAVID

« Desinit in piscem. »
(Horace, *Ad Pisones*.)

PARIS

E. DENTU, ÉDITEUR

Libraire de la Société des Gens de Lettres

Palais-Royal, 17-19, Galerie d'Orléans

1872

Tous droits réservés.

L'ODYSSÉE

GAMBETTISTE

1870-1871

Il a été tiré de cet ouvrage vingt exemplaires sur papier
de Hollande, numérotés.

L'ODYSSÉE

GAMBETTISTE

1870-1871

PAR

PAUL TIMON-DAVID

« Desinit in piscem. »
(HORACE, *Ad Pisones*.)

PARIS

E. DENTU, ÉDITEUR
Libraire de la Société des Gens de Lettres
Palais-Royal, 17-19, Galerie d'Orléans

—

1872

Tous droits réservés

LE COMTE DE CHAMBORD

Prince, à Vous j'offre cet hommage.

A Vous, le Fils de nos vieux Rois,

Ces vers écrits dans le servage

De ces jours pires qu'autrefois !

A Vous j'adresse ce poème,

A Vous, mon Roi, sans diadème.

Dans les ténèbres de ces temps

Vous brillez comme un météore,

Spolié, vous dites encore :

« France, quand sera ton printemps ? »

Le printemps..... si la Providence,

Prenant enfin pitié de nous,

Nous arrache à la décadence,

Prince ! le printemps sera Vous.

Dans l'arc-en-ciel, après l'orage,

Le passé n'est plus qu'un mirage

Qui, longtemps, trompa mon pays.

Mais l'horizon qui s'illumine,

Se blanchit du manteau d'hermine,

Du pur manteau de fleurs de lys.

Laissez-les aux sombres cavernes,

Renards et loups se déchirer,

A la lueur de leurs lanternes

Contre vous, soleil, conspirer.

Inébranlable en votre force,

Maintenez-le, votre divorce,

Car demain leur jour finira.

Des mécréants que peut la ligue ?

Regardez de bien haut l'intrigue :

Sire, votre jour reviendra !

Paul TIMON-DAVID.

I

La Grande tombée.

I

La Grande tombée.

Une femme roula dans un fossé fangeux
Et brandit, en tombant, l'oriflamme des preux.
Sombre tombait la nuit sur le champ de bataille;
Etendus sur le sol, fauchés par la mitraille,
Ils dormaient dans la mort, l'un l'autre enchevêtrés :
Poussés par un de Moltke, ils s'étaient rencontrés,
Le Français d'Iéna, le Germain d'Allemagne,
L'un sur l'autre lâchés pour le trône d'Espagne !
Afin d'être César... le nouveau Tamerlan
Dont le nom est Guillaume et la gloire Sedan

Nous vola — pour dix ans — l'Alsace et la Lorraine.
Ils crurent étouffer de l'Europe la Reine.
Le ver, tout seul, en vain attaque le lion ;
Or, il le peut tuer, s'il est un million. [
Jamais, sur ce pays, on ne vit d'avalanche
Plus terrible et plus prompte. Oh ! quand donc la revanche!
Quatre fois vingt-deux mille, ils partent pour Berlin,
Deux à deux enchaînés, conduits par Arlequin.
Le froid, la faim, la mort là-bas attend ces braves,
Et, s'ils ne meurent pas, ils resteront esclaves.

— La femme n'était plus. — Près du fossé fangeux
Dansent, en ricanant, ses ennemis heureux ;
De partout on entend une clameur immense :
C'est l'Europe criant : « Ce cadavre est la France ! »

11

Salle des Pas-Perdus.

II

Salle des Pas-Perdus.

Soyez donc inconnu, végétez au Palais,
Vendez votre parole à l'encan, au rabais :
Et puis qu'un jour arrive où, nouvelle Sibylle,
Vous montez aux tréteaux, pleurant d'un ton d'idylle
Le règne corrompu de Napoléon Trois,
Ecume de vingt ans jaillissant sur les rois...
Pas un client n'était ; aussitôt, de la France
Tendent vers vous leurs bras les hommes de souffrance,
Populace en haillons, ces gens déshérités,
Remorquant après eux des bandes d'exportés
Tout gros du souvenir qu'en un jour de bataille
L'autre les fit chasser de par sa valetaille.

Si l'on n'écoute pas, sa voix de patelin

Entonne le martyre « infâme » de Baudin.

Il chante alors, *il* chante, en style hyperbolique,

De ce grand citoyen le courage civique.

Dans l'espoir d'un écu, toujours obéissant

La claque fait escorte, au geste applaudissant.

Ce n'est plus de la Loi ni de Jurisprudence

Que résonne aujourd'hui la salle d'audience.

Ils flattent, ces hâbleurs, tes souhaits, tes plaisirs,

Peuple, ta passion, tes haines, tes désirs.

« On en avait assez de ces Tuileries ;

« Cette cour, ce palais sont des vieilleries... »

Mais, peuple, ce qu'ils font miroiter à tes yeux

Te plonge dans le gouffre et te conserve gueux.

Ils sont pauvres, il faut qu'ils aient de la fortune,

De ton sang, de ta peine ils feront leur pécune :

Quand tu seras battu comme un tas de béton,

Ecrasé, tout sanglant, prisonnier sur ponton,

Tu les verras toujours moulant la belle phrase,

Te foulant du talon comme un chien qu'on écrase.

III

4 Septembre.

2.

4 Septembre.

Le soleil et Bismark ensemble ont conspiré;
Il se lève ce jour, ce jour tant désiré !
Pas un nuage au ciel, l'astre brillant affronte
De l'usurpation et du crime, la honte.
Ils sont douze à l'estrade. Armé de son pipeau
Le chef appelle à lui tout le peuple troupeau :
« L'Empire, c'est la paix ! vous disait-il, cet autre;
« Et dans le sang, la boue, à cette heure il se vautre !
« L'homme du sang sortit; dans le sang il est mort :
« Des criminels ainsi semblable soit le sort !

« Tout entière sur nous se lance l'Allemagne,

« Deux cent mille, demain ils seront en Champagne.

« Il n'importe ! venez à l'immense abreuvoir

« Des places y puiser, partager le pouvoir.

« Attention ! vous tous ! Le festival commence,

« Vous ne vous plaindrez pas de sa munificence.

« A qui ce portefeuille ? A vous, maître Picard ;

« Vous veillerez sur l'or, vous êtes peu bavard.

« A qui donc ce mouchoir ?... A sire Jules Favre

« L'honneur de relever du pays le cadavre.

« L'Ecole aura pour chef le doux Jules Simon,

« L'enfant progressera, lui tenant le timon ;

« Jules Deux conservez l'Instruction publique,

« Le temps que durera la *sainte* République.

« Approchez, Isaac, maître Apollon-Crémieux,

« La justice qui chôme avec vous ira mieux.

« De vous, Glais-Bizoin, avant que l'épitaphe

« Décore le tombeau, prenez le télégraphe,

« On vous vit autrefois, au Corps législatif,

« Remuer tête et bras... vous devez être actif.

« Arago, Pelletan, que voulez-vous donc être?

« Jules Ferry serait un bon garde champêtre...

« De ce gouvernement qu'il reçoive sa part,

« Et qu'à l'Hôtel-de-Ville il trône sans retard.

« Rhumatisés, nerveux, vous faut-il un emplâtre

« Qui guérisse du corps le mal opiniâtre?

« Prenez-moi, sans façon, le sieur Garnier-Pagès,

« J'en jure sur mon âme, *il va faire florès*.

« Mais du pouvoir nouveau qui tiendra la brassière?

« Mais qui l'empêchera de tomber en poussière?

« C'est un homme vaillant qu'il nous faut, un soldat

« Habile dans la chambre et point dans le combat,

« Expert dans le bel art d'ordonner la retraite,

« Sans cesse reniant sa dernière défaite,

« Un homme de principe, aimable et puis dévot,

« De l'œuvre du salut esprit, centre, pivot.

« Ecartez-vous un peu, là-bas, je vois un homme.

« D'un petit livre, auteur, d'approcher je vous somme.

« Citoyens, admirez le général Trochu;

« Honnête il n'aura point, certes, le doigt crochu.

« Le partage serait, messieurs, la mascarade,

« Si je ne vous donnais Luçay pour camarade.

« Pour moi je suis content de la place Bauveau. » —

Peuple, le tour est fait, admire le tableau...

Qu'on ne nous dise plus que l'assassin nocturne

Aux gueules des canons avait présenté l'urne;

Que l'on n'étale plus le peuple assassiné

Aux îles d'outre-mer par des soldats traîné

Pour avoir défendu la *sainte* République.

Vaine excuse! vains mots! raison « jésuitique! »

Compères de Septembre, à l'affût du gibier,

Ils l'avaient rabattu tout auprès du bourbier.

L'enserrant du filet d'un million de mailles,

Ils avaient récolté le produit des semailles.

Qu'ils n'affirment si haut devant la nation

Qu'en ce jour elle crut la modération.

Désintéressement, vertu des douze apôtres,

Lui télégraphiant leur tas de patenôtres!

Le monde est incrédule, et la postérité
Ne voudra point se rendre à leur sincérité;
A leurs intentions rendant un témoignage,
Sur le livre éternel écrira cette page :
« *Ces hommes ont été pères du Dix-huit Mars,*
« *Leurs enfants aux pontons agonisent épars.* »

IV

En Ballon.

IV

En Ballon.

Ce pouvoir il l'avait, Paris démocratique,
Et la province dut garder la République.
Là Méduse devait les pétrifier tous,
Les rendre de terreur et d'épouvante fous,
Sur la tête éclatant comme des coups de foudre,
Dompter les Prussiens, les réduire en poudre...
Or voici que résonne à l'entour le canon,
La défaite commence... Ecrivez : Châtillon !
Les voici débandés ces terribles zouaves,
De Wœrth et de Sedan ce sont là les épaves.

Les proclamations de la place Bauveau,
Qu'on ne lit pas, qu'on jette à l'égout, au ruisseau,
Courent en vain partout sur les murs de la ville,
La crainte vient s'asseoir au foyer de famille.
Nul ne se trouve heureux, faible palliatif,
D'être victorieux au plateau de Villejuif.
Ils se sont abattus, ces modernes Vandales,
Sur ce peuple accroupi, gigantesques rafales
Autrefois attaquant la frontière du Rhin,
Aujourd'hui Belleville et le Mont-Aventin.
D'Angleterre, Karl Marx, chef de la Sociale,
Entretient à Paris l'Internationale.
France, détrompe-toi ! Sedan finissait tout,
Les *douze* t'ont donné le Bourget, Montretout,
Et la faim et le froid et tout ce qui consacre
De cent trente-cinq jours un horrible massacre ;
La perte de Strasbourg, de l'imprenable Metz,
Qui, sur leur tête, était glaive de Damoclès,
Ils ont livré ton sang, ta sueur à l'ogresse,
Et cinq milliards d'écus, vingt ans de ta richesse !

De la mère et l'enfant, qu'importe la clameur,
N'ont-ils pas du pays sauvegardé l'honneur?

Au centre de Paris était un colombier,
La mère, deux petits et le père ramier.
Tous quatre heureux vivaient dans la béatitude,
Loin du monde et du bruit et dans la solitude,
Voltigeant, sautillant de la terre au barreau,
Inondant leur duvet dedans le bassin d'eau,
Sans cesse picotant le millet et la graine,
De l'oiseleur aimant la douce et tendre chaîne.
Les hommes au dehors s'égorgeaient lâchement,
Pour Guillaume, bravant la mort naïvement...
Le père, dans le ciel, contempla deux batailles
Et sentit, par deux fois, l'odeur des funérailles.
Il eut peur; vers Paris il reprit son essor;
Dans la ville l'odeur le poursuivit encor.
Il vit alors du grain au bord d'une fenêtre,
Doré par le soleil, oublié là peut-être.
Dans la chambre chauffée un ministre écoutait

Un autre qui, du doigt, le doux oiseau montrait,
— « Joli pigeon, dit-il, vous êtes de la France,
« De Paris, de nous toùs, la dernière espérance.
« Posez-vous sur mon doigt, picotez dans ma main,
« Laissez-vous caresser, vous partirez demain. » —
A ces mots, le pigeon, l'âme tout étonnée,
Vers ses petits chagrins dirigea sa volée.
Le lendemain le père et la mère sont pris,
Enfermés en la cage, étroit et noir logis.
A l'entour, l'oiseleur, des petits peut entendre
Le cri, plaintif écho qui l'âme devait fendre.
Aux petits des oiseaux il n'est rien de si doux
Qu'une mère ! Elle plus, le bonheur est dissous.
« Dans dix jours, mes chéris, nous reviendrons de France;
« Dormez, mangez, buvez, et prenez confiance. »
Ils disent et déjà le globe d'hydrogène,
Ballotté par le vent, s'arrête sur Surêne.
— La nacelle contient la gloire du Barreau. —
L'illusion du peuple et de l'hôtel Bauveau
Contemple des Germains au loin les lignes noires,

De Paris endigué les remparts dérisoires.

La voilà cette ville !... Autrefois l'univers

Trouvait, ce fier Paris, aimable et non pervers !

Eh quoi ! Russes, Anglais, Autrichiens, Italie,

Sur nous ont déversé de leurs peuples la lie !

En Septembre accourus au monstrueux festin

Sur l'estrade donné par le *borgne Arlequin*,

Leurs forçats, de Paris ont fait leur bien, leur chose;

A leur contact Paris se meurt, se décompose !

Puis ils viennent après, vociférer, menteurs,

Que Paris leur fait mal avec ses puanteurs,

Que Guillaume de Prusse engloutira Sodome

Ce nid fait de Césars et d'idiots Prud'homme...

En cela se joignant à ces pays haineux

Qui maudissent de loin tout ce qui n'est point eux !

Ils s'imaginent tous de Dieu porter la foudre,

Qui réduira Paris en flamme, en cendre, en poudre.

Eux seuls nous apportaient cette corruption

Dans laquelle périt la grande Nation.

Qu'ils la quittent, la ville abominable, impie,

Que l'univers entier avec plaisir copie ;
Qu'ils entraînent à eux ces hordes de brigands
Faussaires et voleurs, décavés et truands
Au partage accourus de la chose publique,
Et faisant de Septembre un long panégyrique.
Qu'ils s'en aillent au loin, disparaissent ingrats,
Qu'ils ne se souillent plus avec les scélérats !
Arrière ! nous voulons puer dans notre ville,
Avec nous engloutir toute notre famille,
Ah ! nous les exécrons, eux, immondes pillards,
A eux tous n'ayant pas un écu, pas dix liards.
Ils étaient de Septembre ardents auxiliaires,
De *l'homme* de Bauveau les enragés sicaires.
Mais ils ne virent pas l'odieux traquenard
Que leur avait tendu *l'homme* maître renard.
Il partit, leur laissant les Prussiens combattre
Et, dans leur impuissance, au pouvoir se débattre.
Le *fugitif* sourit : il voyait du ballon
Les petits Parisiens grouiller dans le vallon,
L'ennemi fourmiller sur toutes les collines

Terribles aujourd'hui, jadis douces voisines.
Il pensait : « De longtemps Paris ne se rendra
« Aux soldats de Bismark ses portes n'ouvrira.
« Mon jour enfin arrive et mon règne commence.
« A moi, Province, à moi la France, à moi la France!
Aux oreilles de *l'homme* un sifflement aigu
Prouve que le ballon, d'en bas, vient d'être vu.
« Fuyons plus haut, dit-il, plus haut, dans l'atmosphère.
« Me tuer! l'ennemi! c'est en vain qu'il l'espère ;
« Je suis de mon pays l'espoir et le salut;
« Amis, jetez du lest. » Le ballon disparut.
La mère des pigeons se plaignait dans la cage
De ne point trouver d'air en l'humide nuage :
« Je ne respire plus, dit-elle ; nos petits
« Ne nous sentiront plus les chauffant dans leurs nids.
« Ce *fuyard* là-dedans, ami, je le déteste.
« Rendre une mère en deuil, oh ! quel dessein funeste! »
Le ramier tendrement caresse son duvet,
L'embrasse, embrasse encor et, d'un ton tout doucet :
« Ma mignonne, sachons, pour la gloire commune,

« Oublier d'autrefois notre heureuse fortune,

« Vois ces mères, ma mie, et ces gens attristés,

« De leurs enfants ravis, et d'heur déshérités.

« Dans dix jours, au-dessous de nos rapides ailes,

« Nous leur apporterons consolantes nouvelles,

« Derrière ce nuage, au bout de l'horizon,

« Regarde, chère amie, une grande maison...

« Ne vois-tu pas déjà la terre qui s'avance,

« Ce pays est le nôtre. Allons, vive la France ! »

Le ballon s'abattit près d'un antique ormeau.

Tout le monde dormait dans le pauvre hameau.

Les voyageurs ont faim, ils frappent à l'auberge :

—« Çà ! faites-nous manger, et puis qu'on nous héberge!»

—« Je n'ouvre pas si tard, dit l'hôte au visiteur.»

—« Je vous l'ordonne, ouvrez ! je suis le dictateur ! »

V

Bordeaux.

V

Bordeaux.

Pendant que sur Paris la mitrailleuse grince,
Le parvenu maudit fait sienne la province,
Coupe, taille, renverse et tranche dans le vif,
Démolit, rétablit... il est l'Exécutif !
Ce que l'on vit alors — spectacle lamentable —
De l'Empereur rendit le pouvoir regrettable !
Autrefois on avait encor quelque pudeur,
Secrètement aux siens on partageait l'honneur,
Les bureaux de tabac, traitements et les places,
La Légion d'honneur, enfin toutes les grâces;

— Les abus conservaient l'air traditionnel,
Ñapoléon était constitutionnel. —
Au moins il possédait, de par le plébiscite,
Le pouvoir d'accomplir le juste et l'illicite.
Que les temps sont changés! sans ordre, sans mandat,
Si ce n'est des faubourgs et de Paris goujat.
De son siége *il* abat le juge inamovible
Que nomma l'Empereur.— O crime irrémissible!—
Juges de paix, parquets, receveurs, percepteurs,
Gendarmes et bureaux de nos conservateurs,
Conseils municipaux, en tête tous les maires,
Qui seraient *d'Arlequin* dangereux adversaires,
Tout ce qui, dans vingt ans, a vécu du pouvoir
Et qui, né du fumier, doit être à l'égouttoir.
Place! place pour eux, hommes de dictature!
Sans souci de la Prusse il faut qu'on les sature
De « grogs chauds, » de soupers, de vins et de liqueurs,
De femmes, d'édredons; place aux Septembriseurs!
Ils seront, dans six mois, au fond du cimetière;
La rage dans le cœur, de tout ils font litière.

Dictateur, hâtez-vous ! Faites trembler le sol,
Autour de notre cou bouclez donc le licol !...
Ils brûlèrent le temps : aussi dans les provinces
On vit des petits rois, on vit des petits princes
A ses gages repus, se faisant des loisirs
Et sur le deuil public bâtissant leurs plaisirs.
Préfet du Rhône, il part, le Challemel-Lacour,
Illustre décrété dans ce funèbre jour.
Duportal à Toulouse, Esquiros à Marseille
Pour le salut commun s'en vont faire merveille.
Là-bas, Allain-Targé, plus loin, Peigné-Crémieux,
Spuller, *l'alter ego*, qui se croit sérieux.
Ranc à la sûreté, police générale,
Dirige les secrets de cette saturnale.
Des drôles inconnus et... Pipe-en-Bois partout.
Le festin de Septembre, est un rance ragoût,
Nauséabond, puant, qui l'estomac écœure !
Faible mal, mes amis, alors que l'âme pleure !
Le pays n'était pas assez large, assez grand
Pour les contenir, eux, ainsi que l'Allemand.

Plus longue fut l'attente et plus douce fut l'heure
De la possession ! Entr'ouvrons leur demeure :
Ces sauveurs, on les vit, de noces s'empiffrer,
Aux alcôves courir, les femmes dégrafer.
Ah ! qu'il est bon un jour, près de folles maîtresses,
De la vie oublier les horribles détresses,
Pour un moment chasser les soucis, les besoins,
Les maudire à distance et leur montrer les poings !
Sous le soleil de Dieu, sous la voûte sereine,
A Bordeaux et partout, comme au bord de la Seine,
Place existe pour tous... — « Aussi, voilà pourquoi,
« Disent les parvenus, de ta place ôte-toi !
« Si tu viens à broncher et par trop me maudire,
« De l'astre je suis près et je puis te proscrire !
« Ce n'est plus aujourd'hui le temps de regimber ;
« Crève de faim ! Allons, tu n'as plus qu'à courber
« Ta tête qu'autrefois tu promenais si haute, » —
Cela sert quelquefois un maître aéronaute...
Mais déjà je surprends votre muet regard,
Déjà vous m'appelez un lâche *pantouflard*,

Qui resta près du feu pour lire la gazette
Et qui, sur vous, l'écume et la bave rejette...
Ah ! quand là-bas le dos au feu vous vous chauffiez,
A Nogent, sur Avron, de froid mortifiés,
Dans la neige et dans l'eau, nous montions dure garde
Au retour, point de flamme au fond de la mansarde
Où la bise soufflait comme sur les glacis...,
Mais au devoir sacré qu'importent les soucis !
De votre long pouvoir, si fertile en mécomptes,
Aujourd'hui nous voulons vérifier les comptes.
Répondez! dites-nous, de nous qu'avez-vous fait ?
De votre odieux règne étalez le bienfait ;
Dites-nous le pourquoi de plus d'une opulence,
D'obscurs, de plats valets, la grotesque insolence.
Pourquoi, sur l'échappé du bagne de Toulon,
La croix d'honneur, le grade et quintuple galon ?
Dites-nous avec quoi vous payâtes l'orgie,
Les fêtes, les banquets de la démagogie ?
Si ce n'est de l'emprunt de l'avocat Laurier,
C'est du frédéric d'or du Germain usurier,

VI

Une « Toquade. »

VI

Une « Toquade. »

Il avait deux enfants, une mère, une femme,
Un père qu'il aimait dans le fond de son âme.
Cependant il monta dans le *Denys-Papin*,
Sans souci du danger, pour envoyer du pain
A Paris se mourant. C'était son agonie…
La lutte, dans un mois, devait être finie.
— « Je viens, dit-il à *l'homme* envoyé de là-bas;
« Paris résiste encor, Paris ne mange pas ;
« Ecoutez et m'aidez, et je le ravitaille.
« Pour entrer à Paris il faut que je bataille;

« Je mourrai, je le vois, mais le pain entrera :
« A ma félicité c'est tout ce qu'il faudra. »
— « Ravitailler Paris ! Monsieur, quelle *toquade !* »
Paris mourait !... Là-bas, c'était la mascarade.

VII

Coulmiers — Pont-Noyelles — Bapaume
Le Mans.

VII

Coulmiers.—Pont-Noyelles.—Bapaume.
Le Mans.

Ils avaient le pouvoir, il fallait bien marcher.
La jeunesse courut à la mort sans broncher.
Les bataillons partaient le cœur sans espérance,
Ils reniaient Bordeaux et « la guerre à outrance. »
Mais toujours le pays trouve des défenseurs :
L'épouse désolée et la mère et les sœurs
En ces jours de tristesse ont des cœurs de Sabines,
Lorsque de l'étranger les ignobles poitrines
Se présentent au feu de nos fusils baissés,
Baïonnette et canon l'un l'autre entrelacés.
Quand l'Allemand triomphe et gagne la victoire,
Qu'il est de tel parti, chacun perd la mémoire.
Il ne s'agit de soi, s'il s'agit du pays ;

Il n'importe qu'on soit de Brive ou Saint-Denys !
Hélas! pour enlever à la brute Allemagne
La France agonisante, il faudrait Charlemagne ;
Aux modernes croisés il faudrait Godefroy,
Du puissant Saladin l'épouvante et l'effroi.
Je me trompe, Français, sur le vrai j'anticipe,
Avant tout il faudrait revenir au PRINCIPE.
Voyez-le s'avancer, ce jeune bataillon ;
La route est bien pénible aux souliers de carton,
Et le froid est bien dur aux hommes sans capote.
Sous la tente, plus d'un pauvre soldat grélotte,
Plus d'un s'arrêtera sur le bord du chemin,
Plus d'un qui voit le soir ne voit pas le matin.
Au logis pleureront les tristes fiancées
Que, pour le chassepot, les garçons ont laissées.

La nuit vient. Dans la brume, au bout de l'horizon,
La flamme rouge luit — du feu c'est la saison...—
Les uhlans n'y sont pas, et c'est à l'incendie
Qu'il revient d'éclairer la phalange hardie...

Le chef crie : — « En avant et sus aux Allemands ! »
D'Aurelles à leur tête ils enfoncent les rangs.
Anges, détournez-vous! O Dieu ! quelle furie !
La Fraternité pousse à cette tuerie !
Qui donc reconnaîtrait, dans cet écrasement,
Son frère, son ami ? Dans l'enchevêtrement
Des cuisses et des bras, des jambes et des crânes
Duquel se pourrait-il qu'on invoquât les mânes ?
Les cadavres au sol se comptaient par milliers,
Mais d'Aurelles, vainqueur, triomphait à Coulmiers.
Derrière nos remparts on disait : — « Espérance !
« Pour nous donner la main Paladines s'avance ! » —
Fatalité ! d'Aurelle allait vers Orléans,
Le bondait de canons, se renfermait dedans :
Et nous disions toujours : — « Parisiens, espérance !
« Pour nous donner la main, Paladines s'avance ! » —
Paladines, Français, vainqueur est renversé
Et par Chanzy se trouve aussitôt remplacé.
Faidherbe, dans le Nord, défendait chaque ville ;
Il avait, en soldats, au plus cinquante mille.

Pas même dans deux mois, Amiens repris, cédé,

Ham repris et perdu, Péronne bombardé.

Le sang coule partout, partout le sang ruisselle.

De sang sont inondés Querrieux, Pont-Noyelle,

Béhagnies, Vermand, Bapaume et Saint-Quentin.

Faidherbe avec ces noms, sortira du scrutin

Qui, cent vingt jours après, délivrera la France

De ce règne odieux de haine et de jactance.

Faidherbe eût mérité peut-être un meilleur sort,

Vingt fois lui, le premier, il affronta la mort ;

Il aurait du pays le regard sympathique,

S'il aimait plus la France et moins *sa* République!...

C'était l'heure où de Moltke, au-dessus des talus,

Sur Paris envoyait plus de cent mille obus,

Innombrables boulets et colossales bombes

Qui creusaient dans Paris d'épouvantables tombes.

C'était l'heure où Chanzy, près la ville du Mans,

Dans le sang, par trois jours, noya les Allemands.

Derrière nos remparts, nous disions : — « Espérance!

« La Province se hâte, elle accourt, elle avance! » —

VIII

Châteaudun.

VIII

Châteaudun,

Les hommes hors la ville et les femmes dedans
Mitraillèrent, un jour, la horde d'Allemands ;
Mäis ils furent battus ; dans la ville ils entrèrent
Et par dessus les murs dix-huit cents ils tuèrent.
La ville fut brûlée... Après la fauchaison
Resta sur le coteau, debout une maison.
Perds l'espoir que jamais ton vœu se réalise,
Allemand ! il nous reste encor debout l'église.
Sa cloche tinte au loin : —« De Français s'il n'est qu'un.
Jalouse Europe, va chercher à Châteaudun ! »—

IX

Retraite en Suisse.

IX

Retraite en Suisse.

D'un manteau virginal la terre était couverte;
La sentinelle suisse au lointain crie : — « Alerte !
« Là-bas je vois venir une troupe en haillons.
« Baïonnette au fusil ! ce sont des bataillons !... » —
Quatre-vingt mille armés comme une immense trombe,
Ils arrivent :—« Passez, pauvre France qui tombe !...»
A chacun est son tour ; malheur, malheur à nous !
Mais plus tard, Allemands, malheur, malheur à vous !
Oh ! qui pourra jamais oublier ce spectacle ?
Nous vivrons dix mille ans, dix mille ans la débâcle

En nos cœurs attristés, funèbre restera,

Et dans notre âme en deuil, Moscou rien ne sera!

Les cavaliers marchaient avec l'infanterie,

Chasseurs avec hussards, dragons, artillerie,

Les dragons sans chevaux; sans lance les lanciers,

Sans casque, sans cuirasse, à pied les cuirassiers;

Vêtements déchirés, ignobles uniformes,

Reconnaissez l'armée à ces restes informes!

Effroyable néant... Officiers et soldats

Se soutenaient l'un l'autre, entrelaçant leurs bras.

Les blessés les suivaient revêtus de guenilles

Et parfois se chauffant au feu de leurs béquilles.

Sans pain depuis trois jours, des soldats chevronnés

Des dents dévoraient crus des chevaux décharnés.

Des Français massacrés on rabotait la bière,

Et Guillaume, à Versaille, avalait de la bière.

— «Que pas un n'en réchappe! assassinez-les tous;

«Que la France périsse, il nous importe à nous!...»

L'aumônier du bon Dieu, vers l'arrière-garde,

Voit un soldat tomber; il arrive, il regarde :

A peine le duvet ombrageait son menton,

Sur son sein est la croix ; c'est un soldat breton.

Il dit : — « Je vais mourir, bénissez-moi, mon père.

« De quitter son foyer, pour la France, sa mère,

« Pour celle qu'on adore, ah ! mon père, il est doux !

« Mourir pour mon pays ! toujours j'en fus jaloux.

« Je me meurs... je me meurs... bénissez-moi, mon père ! »

L'aumônier le bénit : — « Mon fils, dit-il, espère ! »

Le Breton clôt les yeux et sa bouche répand

Sur l'hermine du sol des flots de rouge sang.

— « Je vois, dit l'aumônier, deux couleurs de la France.

« Où donc est la troisième et du bleu la nuance ?...

« Vous êtes notre espoir ; écoutez-nous, mon Dieu ;

« La troisième couleur, le bleu, c'est Vous le bleu ! »

On entend un hoquet, du Breton c'est le râle,

Dans son dernier soupir une plainte il exhale :

— « Précipite en enfer ceux qui nous ont trahis,

« Mon Dieu, dit-il ; par nous sept fois soient-ils maudits !

« Malheur à Bourbaki ! Bourbaki c'est un traître !... »

— « Des braves c'est le brave, apprends à le connaître.

« Survivre à la défaite! ami, jamais! jamais!

« Bourbaki se tuera : cet homme est un Français.

« Tes reproches, enfant, pour un chrétien sont graves;

« Meurs en paix... Bourbaki c'est le brave des braves. »

L'aumônier disait vrai : plus tard on entendit

La détonation; l'on s'approcha, l'on vit

L'intrépide guerrier fracassé d'une balle,

Dans la mort se débattre, étendu sur la dalle.

En ce jour, du héros, la mort ne voulut pas;

Inutile à la France encor fut son trépas.

La sentinelle suisse en vain sonna l'alarme;

Les prisonniers passaient, on leur présentait l'arme.

Suisses, à nos malheurs vous seuls compatissant,

On vous vit en Janvier nos blessures pansant.

Vous nous avez ouvert le sein de vos familles,

En ce temps de douleurs vos femmes et vos filles

Eurent toujours pour nous leur plus charmant regard.

De vos bienfaits merci! nous les rendrons plus tard!

X

Garibaldi et l'Armée des Vosges.

X

Garibaldi et l'Armée des Vosges.

De sa retraite il sort, il débarque à Marseille ;
Sur les quais on se dit qu'il va faire merveille.
Autour de lui, nombreux, les rouges camisards
Se disent des soldats, — ils ne sont que pillards. —
Personne n'obéit, tout le monde commande,
Chaque sous-lieutenant devient un chef de bande.
Presque tous étaient chefs, tous de l'état-major,
Pomponnés, argentés, aux manches beaucoup d'or,
De Paris accourus trop tard à la curée,
Ils se cabrent squameux, flots roulants de marée.

6.

Vivent deux jours dans un : de juifs c'est le sabbat,
Lupercale de Rome et... guère le combat.
Inscrirons-nous des noms dans nos martyrologes
Avec les massacrés de nos soldats des Vosges ?
Non! non! ne soyons pas à ce point si naïf :
Inscrivons des *pantins* des Vosges... le passif.

Les rouges, à Bordeaux, député le nommèrent ;
Ses glorieux combats ainsi récompensèrent,

Nous direz-vous son nom ? Mon stylet engourdi
Peut à peine graver : *Joseph Garibaldi*.

XI

La Fiancée.

XI

La Fiancée.

Elle mentit un jour, Rose, la jeune fille,
Et cacha sa rougeur sous la sombre mantille :
— « A l'église je vais, adieu ! dit-elle, adieu !
« Pour vous j'invoquerai tendrement le bon Dieu. »
En pleurant elle entra dedans le cimetière ;
Près d'elle on apporta la lugubre civière.
Du bon Jacques c'était le jour d'enterrement...
Son front elle baisa... Dernier embrassement ..
Un ouvrier creusait une profonde fosse.
La bière n'entra point, la bière était trop grosse.

Survint un fossoyeur qui ferma le tombeau,
Et ravit le festin du vorace corbeau.
La virginale enfant au Ciel fit sa prière.

. . . .

On la trouva plus tard au fond d'une tourbière....
Elle ne parla point, mais l'écho répéta :
Gambetta... Gambetta... Gambetta... Gambetta...

18 novembre 1871.

FIN

TABLE

Paris. — Imprimerie Alcan-Lévy, rue Lafayette, 61.

Paris. — Imprimerie Alcan-Lévy

61, Rue de Lafayette

Contraste insuffisant

NF Z 43-120-14

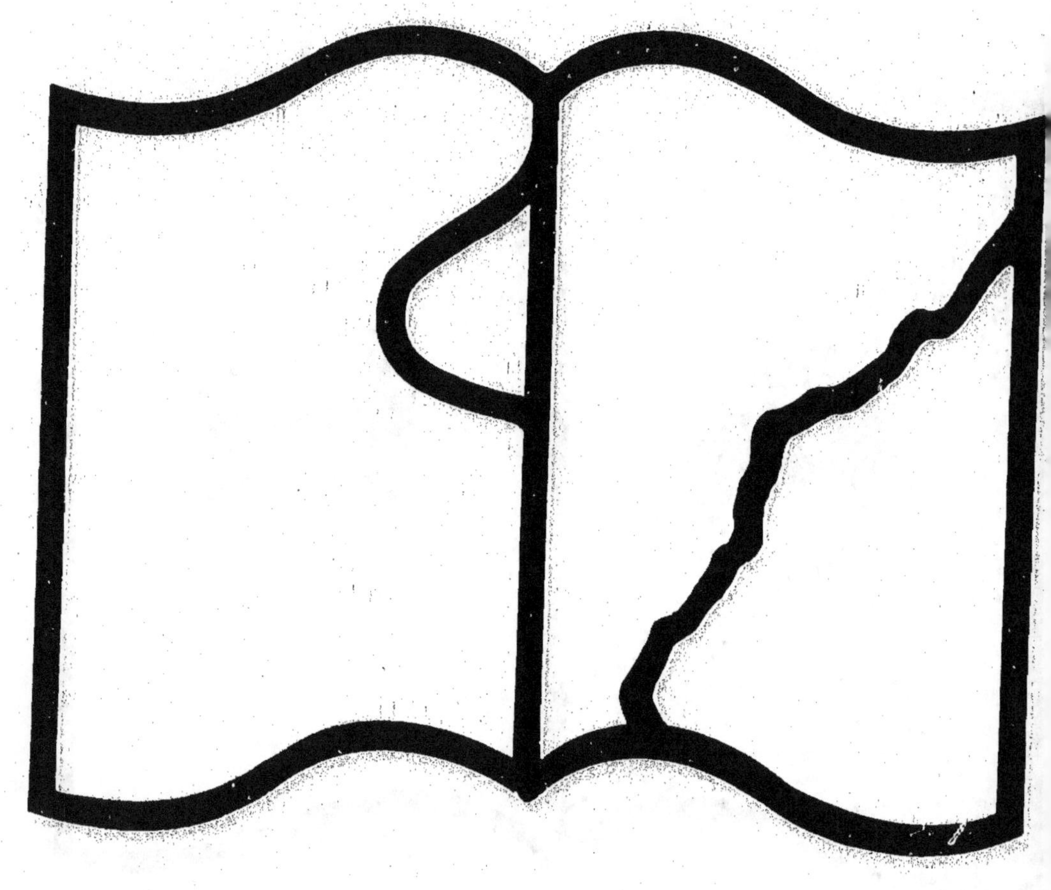

Texte détérioré — reliure défectueuse

NF Z 43-120-11